찔레꽃 수제비

현대시조 100인선
014

찔레꽃 수제비

박명숙 시집

고요아침

■ 시인의 말

묵정밭 서너 평에
햇볕은 두어 평쯤

하루해 모자라서
그늘로나 농사짓는

저무는 쭉정 마을에서

2016년 8월
박명숙

■ 차례

시인의 말　　　　　　　　　　　05

제1부

서천　　　　　　　　　　　　　13
찔레꽃 수제비　　　　　　　　　14
까치바다　　　　　　　　　　　15
홍이　　　　　　　　　　　　　16
염소를 만나다　　　　　　　　　17
차례　　　　　　　　　　　　　18
혼잣밥　　　　　　　　　　　　19
아침가리　　　　　　　　　　　20
어머니와 어머니가　　　　　　　21
처서　　　　　　　　　　　　　22
지심 동백　　　　　　　　　　　23
첫눈　　　　　　　　　　　　　24
해수관음　　　　　　　　　　　25
오후 네 시　　　　　　　　　　26
봄날　　　　　　　　　　　　　27

제2부

초저녁	31
다알리아, 엄마	32
고요	33
오장폭포	34
은죽銀竹	35
엄마 생각	36
이삿날	38
해인 백중	39
여름 우포	40
작은고모	41
매미꽃	42
다섯 살, 월식	43
하지	44
운주 와불	45
낮달	46

제3부

정선에서 49
깜부기불 50
홍련 소식 51
추야우중 52
골안개 53
먹점 마을 54
나의 가을 55
나팔꽃 56
징후 57
덩굴장미 58
킬힐 59
묘猫한 그녀 60
맨드라미 맨드라미 61
구겨진 잠 62
현장 63

제4부

오래된 시장 골목	67
넝쿨 꽃	68
혀	69
꼬리지느러미의 말	70
아침 거미	71
때죽꽃	72
뱀딸기	74
오월 어귀	75
나도 능수벚꽃	76
국숫집에서	77
뜬 돌	78
달개비꽃	79
개상사화	80
그해 입동	81
남원행	82

■ 자전적 시론_
깜부기불은 여전히 어둠이 한밑천이다   84

1부

서천

누군가 냇가에서 빨래를 하나 보다

주저앉아 몸 깊은 곳 소식을 씻나 보다

콸콸콸, 노을 쪽으로 여름날이 넘어가는데

그 여름날 살 속 깊이 칼집이 들어선 듯

쓰라린 소식들을 저물도록 치대나 보다

적막한 서천 물소리 대숲을 구르나 보다

찔레꽃 수제비

1.
수제비를 먹을거나 찔레꽃을 따다가
갓맑은 멸치 국물에 꽃잎을 띄울거나

수제비, 각시가 있어 꽃 같은 각시 있어

2.
거먹구름 아래서 밀반죽을 할거나
장대비 맞으면서 솥물을 잡을거나

수제비, 각시가 있어 누이 같은 각시 있어

한소끔 끓어오르면 당신을 부를거나
쥐도 새도 눈 감기고 당신을 먹일거나

수제비, 각시가 있어 엄마 같은 각시 있어

까치바다

까치 떼
희끗희끗

아랫배 내비치듯

돋을볕
이랑이랑

지느러미 되감추듯

한 소식
아슴한 아침을

끌고 오는 까치바다

홍이

죽은 왕이 다스리는
서라벌로 시집온

하노이댁 홍이는
하노이도 서울이라고

죽은 듯,
나뭇잎처럼 누워서
납작하니 생각하다가

손만 대면 부서질 듯
카랑한 몸을 말고

깃들 곳 없는 밤을
돌아눕다가 뒹굴다가

창문가
벌레집처럼 매달려
대롱대롱 별을 보다가

염소를 만나다
― 무인도

발가벗은 바위도
목자라면 목자겠지만

제 몸 제가 키우면서
염소는 살고 있다

완강한 절벽 사이로
뿔 난 하루 걷고 있다

속 비고 뒤로 잦은
고집도 고집이지만

길 없는 천인단애
바장이며 오르내리며

닥치면 닥치는 대로
외로움도 먹어치운다

차례

복사꽃 이울어도 한 잎씩 이울 테지

산빛이 짙어가도 하루씩 짙어가고

등 너머 뻐꾸기 소리도 한 굽이씩 여물 테지

꽃 이운 그 자리도 한나절쯤 어두워지면

어린 초록 산그늘도 한 발짝씩 내려앉고

가문 날 왜가리 외로움도 한 모금씩 타들 테지

혼잣밥

변기 위에 걸터앉아 혼자 밥을 먹는 사람
밥일까 사료일까 그것을 모르지만
물 한 병 김밥 한 줄로 빈 창자를 모신다

산목숨에 제 올리듯 받쳐 든 점심 한 끼
외로움 닫아걸고 마른 입을 적시면
둘이선 들어갈 수 없는 목구멍도 저 혼자다

구렁 같은 목구멍을 한 모금씩 뚫고 가는
뚫어야만 피가 도는 하루 치 목숨 앞에
괜찮다 홀로 나앉아 밥 먹는 일 괜찮다

아침가리

묵정밭 서너 평에
햇볕은 두어 평쯤

하루해 모자라서
그늘로나 농사짓는

저무는 쭉정 마을에
늑대 발로 오는 어둠

어머니와 어머니가

도랑치마 걷어 올리고
도랑물 건너가네

마른 땅 끌던 꿈
허리에다 동여매고

물살에 정강이 쩔으며
고픈 봄날 건너가네

어머니와 어머니가
나를 끌고 건너가네

뻐꾸기도 울지 않는
징검돌 없는 봄날

도랑물 밀어 올리며
도랑치마로 건너가네

처서

귀뚜라미가 돌아왔다
못갖춘마디로 운다

허물 벗은 첫 소절이 물먹은 어둠을 파고든다

낯익은
울음을 만날 때도
모노드라마로 운다

가슴에 목젖을 묻고
초사흘 달처럼 운다

덜 여문 곡절들이 풀씨보다 쌉싸름하다

가다가
낯선 울음 채면
귀청을 딸각, 끄기도 한다

지심 동백

혈서 쓰듯,
날마다
그립다고만 못하겠네

목을 놓듯,
사랑한다고
나뒹굴지도 못하겠네

마음뿐
겨울과 봄 사이
애오라지 마음뿐

다만, 두고 온
아침 햇살 탱탱하여

키 작은 섬, 먹먹하던
꽃 비린내를 못 잊겠네

건너온
밤과 낮 사이
마음만 탱탱하여

첫눈

첫날부터 바리톤이었다
목청이 좋았다

낮고 굵은 성량으로
곳간 가득 들어찼다

약골의
겨울 들녘도
뱃심 좋게 우거졌다

해수관음

헌 옷처럼
늙어버린 평생의 당신 기도

한세월 올이 풀려 낮달처럼 삭은 기도
고무신 닳고 닳은 채 벼랑에 선 당신 기도

어머니
연꽃을 내려놓으세요, 제발

무엇도 덧댈 수 없는 자투리만 남은 기도
자꾸만 해 짧은 세상으로 미끄러지는 당신 기도

오후 네 시

은행나무
외그림자

군더더기 없이
간결하다

한 줄의
문장처럼

호젓한
오후 네 시

창문 밖
마른 키의 남자가

하나뿐인
이웃 같다

봄날
— 진평

왕은 죽어서
젖무덤만 남아서

남풍 부는 아침이면
약속처럼 젖이 돌아

꽃다지
떼로 몰려와
우·우·우·우 기어오르네

2부

초저녁

풋잠과 풋잠 사이 핀을 뽑듯, 달이 졌다

치마꼬리 펄럭, 엄마도 지워졌다

지워져, 아무 일 없는 천치 같은 초저녁

다알리아, 엄마

아리도록 붉은 그늘
뒤란에 심어놓고

볕 달은 한나절
익은 장을 뜨는 엄마

바람은 홑적삼 가득
첫더위 닦고 가네

고요

뙤약볕이
그늘을 끌고
골목길
돌아간 뒤

메아리처럼
굽이치는
능소화
담장 아래

암늑대
주린 눈으로
고요가
일고 있다

오장폭포

가뭄은
되알지고
갈 길은
폭폭합니다

되꼬이는 오장육부
숨길 곳 없는 봄날

춘궁을
내리그으며
내 몸도
흉흉합니다

은죽銀竹

까마귀 고개

은빛 소나기

댓살처럼 내리꽂히는

큰 외갓집 가는

산길

똬리 튼 고요 한 채

칡덤불

기어 나오며

푸른 날숨 뿜고 있다

엄마 생각

엄마가 기어온다
구절양장 기어온다

날 모르는 하얀 엄마
갈 곳 없는 갓난 엄마

젖 먹던 힘을 다해도
내게 오지 못한다

오던 길은 놓치고
가는 길 알 수 없어

네 발걸음 머뭇대는
이승의 해넘이 길을

북망이 자궁을 열고
긴 탯줄 풀어낸다

엄마를 받아 안고
북망은 만삭인데

엄마 잃은 내 꿈이
연옥으로 눕는다

온 세상 젖이 불어도
먹일 수 없는 엄마

이삿날

이삿짐을 내렸다
머리칼까지 끌어내렸다

무덤이 된 옛집이
적소보다 낯설다

초가을
거짓말처럼
하늘만 높푸르다

적빈을 완장인 양
차고 다닌 반평생

돌보지 않은 가난이 들풀보다 무성하다

초가을
하관을 하듯
내 빈 몸도 내린다

해인 백중

달빛이 칼날 물고 해인 계곡 건너간다

청솔 숲 베어내고
선바위 내리치며

백중날 해인 계곡을 소나기 달빛 건너간다

밤이 기울수록 달빛은 불어나고

건널 수 없는 대명천지
사나운 그 물살을

백중날 해인 계곡이 알몸으로 굽이친다

여름 우포

늪은 삼엄하다
물샐틈없는 초록이다

미어지는 오장육부
활처럼 끌어안고

숨죽인 여름의 눈빛
창궐하는 침묵이다

작은고모

덕유산 기평마을에 작은고모 살고 있지요

밤이면 황금 벌레들 하늘 가득 살림나는 걸

허리를 접고 앉아서 나방처럼 지켜보지요

데룩데룩 이리저리 바쁜 하늘 기어 다니며

몸 부딪고 배 뒤집는 별들의 난장을

처마 끝 거미줄 사이로 까무룩이 바라보지요

어쩌다 툭, 풋감처럼 떨어진 황금 벌레가

이슬 젖어 꾸물꾸물 섬돌까지 기어들면

두 날개 파닥거리며 고모 혼자 잠 못 들지요

매미꽃

초록은
초록으로

그렇게
길을 갚고

길은
길로써

초록을
갚아나갈 때

편백 숲
등걸잠 안고

매미꽃 홀로
술래, 돈다

다섯 살, 월식

누군가 달빛을 조이고 있나 보다
엄마 등에 업혀 가던 다섯 살 그 달빛을
누군가 달빛을 감아 어린 목 조이나 보다

시냇물 닮은 가느란 그 밤의 엄마 목을
으스러지게 끌어안고 죽을 듯 매달리던
누군가 달빛에 묶어 먹어치우고 있나 보다

하지

마른 땅
깊숙하게

타는 뿔을 들이받는

여름날
수사슴 같은

아침 한때 소나기

마당을
갈아엎을 듯

땡볕이 뛰고 있다

운주 와불

하늘 아래 누웠으니

하늘이 일으키리

바람 불면 구름들도

뒷발 들고 일어나리

산정에

드러누운 잠

눈보라가 일으키리

낮달

아현동 산 7번지
아가야,
달아나지 마

정오의 괘종시계
옛집의 낡은 음성

젖 줄게
달아나지 마
개 짖는 소리 컹 컹 컹

3부

정선에서

아우라지
강이야
급할 것 하나 없어

이 산 저 산
불러 모아
젖이라도 먹이려나

속 모를
당신 오지랖
대자비한 그늘처럼

깜부기불

어둠이 한밑천이다, 깜부기불은 여전히
잿더미 속 제 몸을 밑불로 삼는다
지금은 현무의 시간, 어둠을 더 벌어야 한다

거북이 등짝 같은 오랜 밤을 다독이고
실배암 눈빛 같은 불씨를 파묻으며
아직은 천길 아궁이, 어둠을 더 일궈야 한다

깜부기불 일렁인다, 어둠을 한밑천으로
꺼져가는 제 몸을 마중불로 삼는다
그믐에 불을 댕겨서 초승을 일으킨다

홍련 소식

늑장 여름이 막 탈고한 혼신의 역작 한 편

유등지 배꼽 뚫고
붉은 목숨 길어 올린

설화는
지금 한 대목
부귀영화도 한 대목

추야우중

가파른 밤

가을비가
수컷으로 타오른다

목울대 우렁우렁
진창으로 타오른다

불빛을 물레 돌리는
검은 팔뚝이

숫비리다

골안개

끝소리 뭉개지는
저 여자 목소리

비 갠 골골마다
궁뎅이 담그고선

말꼬리 어물거리네
마음만
그렁하네

먹점 마을

난분분한
세상을

돌아앉은
마을, 먹점

굽잇길
기어오르는

햇살조차
등 시린

목덜미
섬뜩한 산기슭

비늘 같은
매화 눈빛

나의 가을

온몸에 장마가 지는 거라,
예고 없이

사랑도 이다지
무례한 적 없었거늘

마지막
꽃잎 떨구고

내 가을이 위험한 거라

나팔꽃

첫새벽이 다가와
찬물을 끼얹자

팽팽히 귀를 매둔
어둠의 솔기가 터졌다

보랏빛 벨벳으로만
안을 덧댄 어둠이었다

여름밤은 달아나고
어둠의 딸 태어나

넝쿨손 뽑아 올리며
혈통을 증거한다

한 뼘씩 허공을 디디며
아침에게로 기어간다

징후

소식들은 상해 있고
거리는 말이 없네

바람마저 주저앉은
어둠의 관할지역

뒤늦게 뛰어내린 달이
휘슬을 불고 있네

꼬리를 잘라내며
희망은 달아나고

불온한 세상들은
산 채로 묶여 있어

광장을 떠나지 못한
달만 혼자 목이 쉬네

덩굴장미

사랑은 나의 천적
이겨본 적이 없다

담장을 무너뜨리며
떼 지어 몰려드는

온몸에 가시를 기른 꽃
그 향기가 가혹하다

닿으면 생채기 질
도리 없는 사랑 앞에

언제든 마음이야
죄다 열 건 아니라서

뇌관을 뽑지 못한 꽃
입술로만 타고 있다

킬힐

빗방울을 찍으며
우기를 빠져나가는

킬힐은 아찔하다
풍진세상 닿지 않는다

천지에
오금을 박듯

굽 높은 외출 한때

묘猫한 그녀

1.
그 여자, 긴 꼬리로 모가지를 감고서 스텝을 밟고 온다, 반나절쯤의 그 여자
나른한 봄날 오후를 나붓나붓 돌아온다

2.
반쯤 감긴 실눈으로 한물간 눈빛으로, 세상엔 듯 허공엔 듯 삶의 스텝 느려지면
골목길 허술한 밤이 함부로 저물어간다

맨드라미 맨드라미

뒤통수
뻥대처럼 밀어 올린

청년 서넛

붉은 벼슬 굼실대며
이발소 문 막 나선 듯,

온 동네
더위 먹은 채

반쯤은 죽어 있는 날

구겨진 잠
— 이중섭, 서귀포

잠들은 구겨졌다
담뱃갑만 한 방이었다

은박지처럼 얇은 꿈도
달빛에 벗겨졌다

육지를 떠나온 밤은
몇 굽이나 깊어졌을까

소꿉 같은 밥솥 하나
벼랑 끝에 걸어놓았다

뻗을 곳 없는 발과 발을
달빛에 내맡기면

파도도 밤을 새우며
매만지다 돌아갔다

현장

환삼덩굴과 새콩덩굴이
바야흐로 공생 중

들여다보면 용호상박
처절한 접전 중

전신주
퍼렇게 맹독 오른

삼복염천 개울가

4부

오래된 시장 골목

누구는 호객하고 누구는 돈을 세는

양미간이 팽팽한 노점 앞을 지나는데

꽃집의 늦은 철쭉이 여벌옷처럼 펄럭인다

가끔씩 여벌처럼 세상에 내걸려서

붐비는 풍문에나 펄럭대는 내 삶도

마음이 지는 쪽으로 해가 지듯, 저물 것인가

퍼붓는 햇살까지 덤으로 얹어놓아도

재고로만 남아도는 오래된 간판들을

쓸쓸히 곁눈 거두며 지나는 정오 무렵

넝쿨 꽃

옛 마을
그 먼 마을

밤이면 더
멀어지는

불 꺼진 지
오래된

가로등
깨진 마을

이따금
촛불을 켰다 껐다

넝쿨 꽃이
사는 마을

혀

1.
유황불이 기르는
비밀스러운 혀들이

비 오고 바람 불면
시시각각 갈라지리

갈라져
물꼬를 타고
삼천대계 배신하리

2.
내 혀를 쫄쫄 굶겨
말의 허기를 익히리

말이 차린 식탁을
과객처럼 견디리

하루 치
독을 빼내며
가난한 혀를 맞으리

꼬리지느러미의 말
— 오승철의 "셔?"

날렵한 지느러미
한순간 물을 치듯

몸통은 가라앉고
꼬리만 남아서는

바람도 잡지 못한 말
한순간 획을 치듯

아침 거미

실핏줄을 막 뽑아낸
꽁무니는 젖어 있고

고픈 삶 내다 건
허공 또한 끈적한 날

몇 겹의 바람들인지
아침이 수상하다

철수할 수 없는 삶이야
바둥대면 끝장일 터

골똘히 똬리 튼
한 끼니의 욕망이

그물을 걷지 못한 채
쓰린 내력 견딘다

때죽꽃

1.
내 몸을
타종하고
떠나면 되는 것을

살아온 그만큼만

뚝, 뚝,
빗방울처럼

떠날 땐
외마디 말도
인사가 아닌 것을

2.
떼 지어
떠돌았고
떠돌면서 혼자였다

홀로인 그만큼만

오롯이
길이었다

봄밤에
때죽꽃 지고

갈 길이
뚝, 뚝, 팬다

뱀딸기

발밑에 하염없이
뱀들을 풀어놓고

뱀딸기는 익어갔다
모여서 익어갔다

아무도
먹지 않지만
누군가는 먹고 싶었다

그날까지 걸어가면
걷다 보면 닿으리라

뱀딸기 몸 뜨겁던
서늘한 풀밭 머리

맨발로
뙤약볕 삼키며
한 아이 서 있으리라

오월 어귀

다만 깨끗할 뿐
그렇게 가뿐할 뿐

징검 딛듯 논물 건너는 한두 마리 왜가리처럼

초여름
피돌기 끝낸
외걸음이 그러할 뿐

나도 능수벗꽃

뒤틀린
몸뚱아리

밀어버린
정수리

몇 가닥
꽃잎 매달고

날 저무는
머리칼

호면에
닿을 듯 말 듯

비에 젖는
마음 끝단

국숫집에서

삐걱대는 목로주점 나무의자에 걸터앉아
잔치국수를 보채네, 잔치할 일 없는 나날
적적한 반생의 혀로 짜디짜게 보채네

허름한 한세상도 간이 맞으면 흥겨웠던가
해 질 녘 국숫발이 명줄처럼 뜨거운데
모르는 우리들끼리, 그림자끼리 먹고 있네

뜬 돌
— 선묘

바위 되어 떠 있다
마주 보며 떠 있다

두 몸을 가로지르는
명주 달빛 견뎌내며

이마도 맞댄 적 없이
닿을 듯 말 듯 떠 있다

누구도 알지 못하는
모든 밤의 뜬눈으로

하늘 한 번 깨운 적 없이
사랑으로 떠 있다

버선발 벗지 못한 채
그림자인 듯 그믐인 듯

달개비꽃

초가을이 던져놓은
미끼 같은 작은 꽃

굇바퀴가 새파랗다
어느 바람에 물렸을까

길섶에 내려앉으며
모가지를 가누는 꽃

개상사화

초경을 치르는 날

선운 숲은 어둡다

눈썹 긴 처녀들은

혼령보다 서늘한데

도솔천

낭자한 선혈이

세상으로 새고 있다

그해 입동

수인선 협궤열차 열세 시 반 차표 한 장
대합실 휑한 속을 갈바람만 뒹굴었던가
개찰구 문이 열리자 내 오후도 개찰되었다

옹색한 그 외길을 어떤 힘이 끌었는지
욕망이나 절망이나 가난 같은 바퀴들이
들바람 맞서 껴안고 얼마나 달렸는지

서해안 노을 앓으며 변두리를 돌던 일상
간밤 꿈은 굴러나가 통로 사이 걸리고
경적은 갯벌에 빠져 허리를 끊어냈다

끝물로 터지는 숨결 코끝이 달아올라
빗장 건 염전 몇 채 갈밭머리 내려앉으면
시간도 굼뜬 몸 일으켜 들불을 놓아가고

무거운 삶 매달고 건너가는 군자 달월 소래
첫눈이 곧 내릴까 여위는 걸음 잴 수 없는데
폐역엔 쿨룩이는 풀꽃만 입동을 떨고 있었다

남원행

완판본 춘향전 따라
광한루 들어서면
열여섯 입술을 앙다물고
엉겅퀴가 피어 있다
낮에도 가시가 돋쳐서는
시퍼런 꿈을 쏟고 있다

알몸뚱이 새벽마다
남은 어둠 긁어내며
한여름 들판에다
댕기 채 풀던 생애
핏방울 목젖에 채우고
고슴도치 새끼를 뺐다

남녘에 혼자 살았다는
이름 없는 춘향이가
바람만 불고 가면
왜 그렇게 피어나는지
빈 하늘 멱살을 잡고
사랑은 갈기를 세운다

가슴 속 옥비녀 뽑아
가르마를 타는 세월
허기진 황토 마루
헛바늘만 돋는 길에
읽다 만 완판본 춘향전이
숲으로 차오른다

■ 자전적 시론

깜부기불은 여전히 어둠이 한밑천이다

1.

> 어둠이 한밑천이다, 깜부기불은 여전히
> 잿더미 속 제 몸을 밑불로 삼는다
> 지금은 현무의 시간, 어둠을 더 벌어야 한다
> ―「깜부기불」첫수

깜부기불은 꺼져가는 불이다. 그러나 어둠을 막아내는 기억장치가 내장된 그믐 빛이다. 그믐을 거름으로 태어난 생명은 어둠에 익숙하다. 얼비치는 바깥 풍경과 감추어진 안쪽 풍경이 으늑하게 공존하는 어머니 치마 속 같은 세상. 서로 닿아 있던 빛과 어둠을 나는 기억한다. 햇살의 꽁무니와 그늘의 정수리는 서로의 이마를 부비면서 반은 물들고 반은 바랜다.

> 거북이 등짝 같은 오랜 밤을 다독이고
> 실배암 눈빛 같은 불씨를 파묻으며
> 아직은 천길 아궁이, 어둠을 더 일궈야 한다
> ―「깜부기불」둘째수

거북이 등짝만큼 실하게 묵은 밤은 실뱀의 눈빛 같은 불씨들을 쟁이고 돋우는 시간으론 그만이다. 불의 씨앗들이 푸른 눈을 뜨고 안간힘을 쓰는 천길 아궁이의 시간. 자궁처럼 깊어지지 않으면 밑불의 움을 틔울 수도 지킬 수도 없으므로, 아직은 어둠을 더 벌고 일구고 견뎌야 하는 것이다.

> 깜부기불 일렁인다, 어둠을 한밑천으로
> 꺼져가는 제 몸을 마중불로 삼는다
> 그믐에 불을 댕겨서 초승을 일으킨다
>
> ―「깜부기불」 세째수

깜부기불은 꺼져가는 제 몸을 마중불 삼아 세상에 첫 불을 일으킨다. 그믐 없이 초승이 올 리 없듯, 밑불 한 잎도 그렇게 태어나는 것, 오래오래 다독인 밤이 새벽의 숨과 맥과 피에 뜨거운 부싯돌을 그을 수 있으리라.

2.

'글을 낳는 집', 세설원에 입주해 있다. 혀와 말을 씻으려고 들어온 곳. 구리고 텁텁한 입과 잽싸고 간사한 혀는 여전히 대책이 서지 않는다. 이곳인들 세상이 아니랴. 기껏 숨어든 곳이지만 혀는 잘 숨으려 하질 않는다. 퍼런 욕망이 혀와 함께 끓어오르고 들뜬 상념들은 멋대로 떠다닌다. 혀 같은 흉기가 있을까. 몸을 드나들며 쉴 새 없이 날름대는 혀의 때를 벗기고 씻길 도리가 없다. 침묵은커녕 막무가내로 덩굴을 뻗으며 잡

초처럼 기승을 떠는 야생의 말들. 혀를 쫄쫄 굶겨 말의 허기를 익힐 수 있을까. 말이 차린 식탁을 과객처럼 견딜 수 있을까. 하루 치 독도 빼내지 못하는 내 혀가 가난해지기는 애시에 글러 버린 것 같다. 시의 밧줄에 매달려 대롱거리며 세월에 혀가 부서져 가는 '악착 보살'이나 무엇이 다른가.

*

때로 시론은 폭력적으로 느껴진다. 지킬 것과 버릴 것은 대저 무엇인지, 영감을 얻고 발상을 구할 때마다 거추장스럽다. 삼백 편 아니라 삼천 편의 시가 '사무사思無邪'라 한들 그 구경究竟에 이르지 못하면 한 편도 읽지 않은 것과 같을 것이다. 가랑비에 옷 젖듯, 사는 동안 세상모르게 시에 젖어드는 일은 보통일이 아니다.

*

끝없는 매질로 징은 제 울음을 잡아나간다. 맷집이 좋을수록 울음도 명품이 된다. 공명, 얼마나 잘 울어야 울음 값을 제대로 하는 걸까. 시의 풋울음도 잡아보지 못한 주제에 마지막 소울음을 함부로 꿈꿀 것인가. 혼의 나이테를 피눈물로 감아올리며 마침내 새벽의 정수리를 치는 징소리 같은 시는 어디서 오는 걸까. 울지 못하는 시 한 편의 목마름은 끝이 없다. 징채를 쥘 수 없는 날들이다.

*

시는 힘이 있을까. 패배하기 위해 시를 쓰나. 쓰면 쓸수록 가난해지나. 최초에 노래를 부르던 자의 꽁무니를 따라나선 내 현주소는 어디인가. 풀기 없는 햇살 한 홉, 어스름한 달빛 한 모금을 얻어 바늘에 실을 꿰어보느라 애태우는 골방의 시간은 차라리 실소가 터진다. 낙타가 되어 바늘귀로 들어가 보는 망상에 시달리는 시상이라니. 정녕 시는 영혼을 고양하고 정화하며 구원까지 하는가.

*

막차도 떠난 한밤중, 퍼붓는 눈을 헤치고 나와 굳게 닫힌 수도원의 문을 따주던 수녀님의 손길, 불 꺼진 부엌 찬장에서 밥 한 공기와 김치 한 보시기를 꺼내 식탁 귀퉁이 불빛 아래 놓아주던 수녀님의 눈빛은 시로 받아 적는 동안 달아나버리고 만다. 과연 시는 힘이 있을까. 그저 죽어서는 쓸 수 없는 시를 오늘은 살아서 끄적대고 있는 건 아닌가. 영혼의 눈과 가슴이 없어 시를 못 쓴다는 사람들에게 굴절과 왜곡을 가로질러 영혼의 목소리란 걸 들려주는 시인이 있다면 나도 그에게 가고 싶다.

3.

어머니와 어머니가

어머니는 내게 '어머니'를 물려주었다. 그녀의 생을 생각하면 함부로 누군가의 '어머니'라고 말할 수 없고, 그녀의 슬픔을 생각하면 '나도 슬프다'라고 감히 말할 수 없다. 모든 곳에 있을 수 없는 신의 역할을 기꺼이 대행한 어머니. 위대한 자는 신이 아니라 신이 따를 수 없는 어머니이다. 지상의 모든 딸은 '어머니'가 되어 징검돌 없는 삶의 물살을 건넌다. 칼등 같은 물살에 정강이 쩧으며 마른 봄날을 건너간다. 혼자선 건너지 못할 길을 '자식의 어머니'이기 때문에 그예 건너고야 마는 것이다. 도랑치마 걷어 올리고 도랑물 건너간 어머니. 누군가의 딸이었거나 지어미였던 것도 다 잊어버렸으리라. 오직 '어머니'로만 살다 간 그녀. 보이지 않는 그 손을 난 지금 끊어질 듯 잡고 있다.

남원행
등단작이다. 쓰라린 엉겅퀴에게 바친 첫 작품이다.

정선에서
이 산에서 저 산까지 빨랫줄을 걸 만한 첩첩두메. 아우라지 사공이 있고 사공에게 넋을 앗긴 처녀가 살던 곳, 그 골짜기 피를 물려받은 정정성. 굽이굽이 동강을 돌아 한강까지 내려와 수필을 쓰며 살고 있지만 오갈 데 없는 정선 산나물이다. 가슴 큰 그녀의 오지랖은 아는 사람만 안다.

다알리아, 엄마
엄마는 젊고 아름다웠다. 다알리아보다 마음이 붉었다. 장독대에서 장독 뚜껑을 열 때마다 흑요석 빛 간장에 비치는 잘생긴 구름과 곧장 눈을 맞추곤 하던 초여름의 엄마. 내가 죽은 뒤에도 세상에서 가장 아름다운 여인으로 내 시 속에서 살고 있을 것이다.

엄마 생각
돌아가시기 며칠 전 이빨이 몽땅 빠지는 꿈을 꾼 적이 있다. 주신 것이니 가져가신 걸까. 부모가 돌아가시기 전까진 누구도 홀로 설 수 없는 것이리라. 평생 보지 않아도 좋으니 지금도 어딘가에 살아계시기만 하면 좋겠다. 두루마기 차림으로 아버지와 나란히 걸어가신 뒤로는 돌아오시지 않는 어머니. 그런데 아직도 내 시를 대신 써주신다. 죽은 당신의 손으로 살아 있는 내 손을 잡고 써주신다.

銀竹

'여름에 피는 은빛 꽃'. 소나기에 대한 은유가 이보다 더 기막힐 수 있을까요. '銀竹'을 유쾌하게 때려눕힌 당신의 말이었지요. 세상에 시인 아닌 사람이 있을는지요. 소나기 내리면 병원에 환자가 없어서 기분 좋다는 당신. 느닷없이 떼로 몰려와 창문을 두드리다가 가슴을 타고 내리는 빗물 환자들 앞에서 망연자실할 당신의 여름이 여전히 궁금합니다. 그 소나기가 오늘 이곳에도 내렸습니다. 목마른 마당 깊숙이 달아오른 은빛 뿔을 들이받는 한 무리 수사슴들을 만난 거지요. 댓살처럼 내리꽂히는 소나기를 맞으며 천지사방으로 뛰어오르는 땡볕의 풍경보다 더 청량한 여름 그림이 있을까요. 천둥과 벽력을 넘어온 '찰나의 은빛 꽃들'이 축복과 은총처럼 피어난 하짓날입니다. 잘 계시지요?

4.

태고로부터 걸어온 시. 생몰연대를 몰라 다행인 시. 게으르고 느려터지게 하나둘씩 들어서는 기형의 시구들. 꽃잎 되어 붉어본 적이 없는 시어들이 빗물에 그 핏기라도 비치는 날이 올까. 어설프게 흉내를 내려다 만 4음보의 가락들이 아직도 숨이 붙어 있는지, 그믐달이라도 데리고 나서 볼거나. 봄밤이 흐리다.

*

큰 새의 눈길과 발톱, 기류를 타고 천공으로 치솟는 야심과 패기 같은 건 없다. 다만 관념과 추상을 벗고, 과장과 억지에 놀아나지 않는 든든한 이미지와 상징이 그리울 뿐이다. 짧게 쓰되 울림의 폭이 큰 시 한 편 만나는 일이 때론 형벌처럼 느껴진다. 머리 위로는 햇살을 받고 가슴 아래로는 비를 머금은 적란운처럼 위태로운 날. 낱장에 홑겹으로 목숨을 받은 문장 한 줄 오지 않는다.

*

여름내 고온다습했다. 젖은 삶을 말릴 틈이 없었다. 푹푹 빠지며 살아남아야 했다. 무너지듯 쓰고, 마른 명아주처럼 구부러진 목을 버티며 쓰고, 울지도 못하고 몸만 비벼대는 가을 벌레처럼 다시 쓴다. 시가 아무 맛도 나질 않기를 바라며 쓴다. 서리가 내리기도 전에 눈이 와서 다시 푹푹 빠진다. 겨울에 얼지 않도록 몸속의 모든 물을 내보내는 가을 산, 차갑게 흘러내리는 우렁우렁한 가을물 소리를 듣는다. 물들지 못한 나뭇잎들이 서둘러 떨어지고 있다.

*

모든 그을음과 어둠에 밑불을 붙이고 기꺼이 사위는 깜부기불 같은 시, 그런 시는 외롭지 않을 것이다.

■ 연보

· 1956년 대구 출생.
· 1971년 경북대 사대 부설중학교 졸업.
· 1974년 경북대 사대 부설고등학교 졸업.
· 1978년 영남대학교 문리과대학 국어국문학과 졸업.
· 2001년 중앙대학교 예술대학원 문학예술학과 석사과정 중퇴.
· 1983년 결혼.
· 1978년~2014년 중·고등학교 국어교사.
· 1963년 초2년 교내백일장 산문「금붕어」입선.
· 1973년 고3년 신라문화제 백일장 고등부 지역 산문부 예선 장원(「빛」).
· 1992년 아모레 향장문예공모 시부문 대상 수상(「가지치기」).
         불교방송 주부백일장 시부문 장원(「가을 편지」).
· 1993년 중앙일보 신춘문예 시조 당선(「남원행」).
· 1999년 문화일보 신춘문예 시 당선(「단풍 속으로」).
· 2011년 시집 『은빛 소나기』 발간 (책만드는집).
         제3회 열린시학상 수상(「해수관음」).
· 2012년 서울문화재단 창작기금 수혜.
· 2013년 시집 『어머니와 어머니가』 발간 (고요아침).
         제32회 중앙시조대상 수상(「오래된 시장 골목」).
· 2014년 제2회 올해의좋은작품집상 『어머니와 어머니가』(한국시조시인협회).
· 2015년 이호우·이영도시조문학상 수상(「서천」).

현대시조 100인선 **014**

찔레꽃 수제비

초판 1쇄 발행일 · 2016년 08월 27일
초판 2쇄 발행일 · 2019년 01월 30일

지은이 | 박명숙
기　획 | (사)한국문화예술진흥협회, 한국시조문학관
펴낸이 | 노정자
펴낸곳 | 도서출판 고요아침
편　집 | 박은정, 이유성, 김남규

출판 등록 2002년 8월 1일 제 1-3094호
03678 서울시 서대문구 증가로 29길 12-27 102호
전화 | 302-3194~5
팩스 | 302-3198
E-mail | goyoachim@hanmail.net
홈페이지 | www.goyoachim.com

ISBN 978-89-6039-831-3(04810)
ISBN 978-89-6039-816-0(세트)

*책 가격은 뒤표지에 표시되어 있습니다.
*지은이와 협의에 의해 인지는 생략합니다.
*잘못된 책은 교환해 드립니다.

ⓒ 박명숙, 2016